JN410864

안개가 되어

안개가 되어

초판 1쇄 인쇄일 2019년 12월 17일
초판 1쇄 발행일 2019년 12월 23일

지은이 권영모
펴낸이 양옥매
디자인 정혜원
교 정 양 숙

펴낸곳 도서출판 책과나무
출판등록 제2012-000376
주소 서울특별시 마포구 방울내로 79 이노빌딩 302호
대표전화 02.372.1537 **팩스** 02.372.1538
이메일 booknamu2007@naver.com
홈페이지 www.booknamu.com
ISBN 979-11-5776-816-5(03810)

이 도서의 국립중앙도서관 출판시도서목록(CIP)은
서지정보유통지원 시스템 홈페이지(http://seoji.nl.go.kr)와
국가자료공동목록시스템(http://www.nl.go.kr/kolisnet)에서
이용하실 수 있습니다. (CIP제어번호 : CIP2019052034)

책과나무

시인의 말

내가 찾는 답,
그 깨달음은 어디에 있을까?

어디에 어떤 모습으로 있을지
어떤 날은 찾아 헤매기도 하고
어떤 날은 벗을 찾아 묻기도 하고

그런데 모두가
같은 말만 하는 거야
스스로 찾으라는

그래서 떠나지
어제 왔던 길을 또 찾아가듯
매일 그 길이 그 길 같은 깨달음을 못 찾고

그 깨달음
그 답을 찾을 때면 아마도
.
.
.
나 자신은 쇠약하고 초라한 몰골이겠지

차례

2부 슬픔을 안은 아침

3부 마음의 흔적

4부 잃어버린 날

5부 지나간 것을

꽃의 무리에

그 향에 취해서

가슴에 남아 있는 그 여운만으로

난 꽃이 되었어

1부

나도 꽃이 되어

5월아

누구에게는 잔인하고
누구에게는 아름다운 5월

그래서
더 아쉬워하고 기다림이 컸지
다가온 듯하다 떠나 버리는 계절

봄의 끝 지점
늘 싱그러울 것만 같았던 너
말없이 돌아서 버리고 푸른 여름을 찾아 주는
벌레 먹은 새싹 조금은 익어 가듯 파래지고

말없이 뒷모습만 바라본다
뜨거운 날 오고 가고
벌레 먹은 잎 떨어지고
붉게 물든 산천 지나면
또 하얀 눈 내리겠지

지구에 금이 가고 새싹 돋아나면
4월 지나 또 오겠지 5월아

가을날 풍경 1

넌
색동옷을 입고
그렇게 춤을 추는구나

살아온 날이
아니면 떠나는 날이
널 떠나보내는 나무를 생각한 적 없이
그리 좋더냐

찬바람 불어와 얼굴 붉히고
바람에 혼이 빠져 창공을 나는 모습을
나무는 그저 바라보고만 있구나
널 보낸 나무는 칼바람에 저리 소리 내어 울고

싸늘하게 식은 푸른 하늘에 취한 가슴 외로운 이
술잔만 저리 죽이며 마음만 달래는데

가슴 아픈 상처
과거를 지우고 지우고

술잔에 녹여 없애는 중

바람에 빠져 떠나 버린 너나
세상의 찬바람에 감당 못 하는 이나

다시는 이 세상에 오고 싶지 않은 날이네

가을날 풍경 2

노란 잎사귀 세상에 태어나
가을바람에 삶을 구걸 않고 순응한다
작은 가을비 그 빗줄기에 떠나가는
여름내 검게 그을렸던 모습 잊고
또 다른 생명으로 마음을 싣고
영 돌아오지 못할 곳으로 여행을 떠난다

가슴 벅차 했던 날들만 간직한
지친 육신들 작은 잎새 아래 쉬어 간 날들
떠가다 멈춰 선 자리 또 다른 이에게
또 다른 기쁨으로 남겠지

작은 소망 하나
그 떠나간 자리
모두에게 사랑이었음 좋겠다

겨울 때

지금 겨울 때가 벗겨지고 있다
하얀 눈 위에도 마른 가지 위에도
내 가슴에까지 겹겹이 쌓여 있던

겹겹이 껴입었던 외투를 벗어 내듯
얼어붙었던 지구가 빗줄기에 무장 해제되어 가고 있다
가슴속에 움츠리고 있던 꿈
푸른 하늘이 그리운 자연

가을에 떠나보냈던 그리움
얼마를 기다렸던 날들이었나?

비 그치는 내일이면
개울가엔 버들강아지
산엔 산수유가 피어나겠지

너 또한 나 또한
종종대던 발걸음 잠시 멈추고
그 꽃잎에 입맞춤하겠지

꼬박 밤새워 내린 비

넌 밤비로 내게 다가와
가로등이 희미해지는 새벽비가 되었어

어젯밤 그리도 울어 대던 귀뚜라미
새벽 산새 소리도
초라히 졸고 있는 비에 젖은 새벽녘이야

먼 하늘을 날갯짓해야 허기진 배를 채울 산새에게는
아마도 움츠린 배를 잡고 널 원망할지 모른다

그래도 난 깊어 가는 가을의 새벽
네가 두드려 깨우며 전하는 소리에
이렇게 시를 쓴다지

상상이 많았던 젊은 날
네가 오는 날엔 길동무로 선뜻 나섰던 나
지금 널 마중하기엔 왠지
마음이 움츠러드는 새벽녘이야

나도 꽃이 되어

남쪽 하늘에서 바람을 타고 왔지
강산은 불에 타들어 가듯
한 걸음 한 걸음 하도 늦길래
올해는 영 안 올 줄 알았어

잠깐 내 가슴에 머물러
간다는 말 한마디 듣지 못했는데
어젯밤 왔다간 봄 비바람에

꽃의 무리에
그 향에 취해서
가슴에 남아 있는 그 여운만으로
난 꽃이 되었어

바람아

네가 없었다면
난 쓸쓸하지도
고독하지도 않았을 것이다

내가
가다가 보이는 대로
또는 향기 없는 그 모습으로
세상을 살아갈 뿐이었겠지

무색무취에
콧등을 대어 봐도
아무런 감흥이 없는

보고 싶어도
사랑에 빠져 힘겨운 날이어도
전해 줄 이가 없는 삶

바람아
네가 없었다면

차라리 삶이 아니었다고
저 스쳐 떠나가는 너에게…

마음속의 봄과 현실

3월 8일
응달의 잔설도
산골짜기의 푸석해진 빙벽도
새벽부터 내리는 봄비에
빗물 되어 흘러간다

마음속 그날
오후 4시
낮술에 취해서 봄비 따라
아차산 오솔길 내가 나를 달래며 걷던
그래도 청년 시절

오늘 아침
창밖에 어둠을 씻어 내는 봄비
마음은 비를 맞고 있었지
몸은 새벽 봄비에 움츠러드는데…

봄날에는

얼어붙었던 땅 어디에도
살아 있을 것 같지 않던 생명이
봄바람이 불어오면
그 거친 대지를 밀어내고 얼굴을 내민다

땅속 그 어디에도 꽃으로 숨어 있지 못했던
보라 저 아름다운 이름 모를 풀꽃을

너도 그런 고통이었겠지만
난 너의 아름다움에 내가 행복해지는 것을
오늘처럼 날마다였음 좋으련만

나의 삶처럼 너 또한
봄날이면 좋겠다

봄날의 한강에

하얀 목련이
잠실 한강에 수를 놓았어
꽁꽁 얼어붙었던 지난겨울 어디론가 떠난 후

꽃잎 바람에 떨어지듯
한 잎 허공에 날리면
잠실대교 가로등 위에 사뿐히 내려앉네

봄을 알리려 달려온 갈매기 떼
목련의 모습으로

짜고 매서운 바닷바람 피해서
봄바람에 홀리듯 강줄기 따라
머문 곳 잠실대교 아래 목련의 모습으로
저녁노을 비추이는 저곳에서

오늘 밤 꿈을 꾸려나 보다

봄비 따라온 그대

봄비가 내리고 있습니다
귓전엔 그대도 따라왔습니다
그래서 눈을 감고 당신의 음성을 듣고 있습니다

두렵습니다
봄비가 멈출까 봐
오래오래 내렸으면 하는 바람입니다

바람에 날리는 소리도
추녀 끝에 매달렸다 떨어지는 소리도

이제 떠나려나 봅니다
바람소리에
겨우내 매달렸던 말라 버린 나뭇잎
작별 인사를 하는 소리가 가슴에 들려옵니다

비 갠 아침 햇살에
파란 새싹이 기지개를 켭니다

봄에 피어난 새싹이

부끄러운가 보다
얼굴 돌린 모습으로
처음 대하는 세상에
빼꼼 얼굴 내민 모습이

겸손하구나
잘못을 모르는 뻔뻔한 세상에
굳이 잔뜩 허리 숙인 모습으로
세상을 찾아온 모습이

눈이 부신가 보다
긴 세월 꿈에서 깨어나
태양을 바라보지 못하고
풀씨 얼굴을 가린 모습이

봄이 오는 소리에

무슨 꿈을 꾸었을까
아지랑이 향기
잠에서 깨어나는 소리가

얼음으로 장막을 치고
잔뜩 움츠렸던 너 또한 나
비 갠 봄날 햇빛에 눈을 비빈다

종종걸음을 하던 도시의 빌딩 사이도
찻잔에 봄과 여유를 담아 느끼듯 거닌다

한낮의 햇살에 철모른 하얀 나비
겨울을 이겨 낸 환희에
봄을 노래하듯 잠 깨어 날갯짓한다

어젯밤 내린 비

마른 땅
말라 버린 가슴
메마른 정서에 숨을 헐떡였다

꿈인가 했어
창을 두드리는 빗방울 소리
곤히 떨어져 꿈속을 헤매는 중인데

무겁게 다가왔던 어젯밤 공기
상큼하게 다가온 물비린내에
무겁던 두 눈꺼풀
육체에서 이탈한 내 마음
아직은 덜 깬 새벽 어두운 창공에 방황한다

산천은 다 말라 버려
몇 모금 남은 물속에 숨을 헐떡이던 생명들
오늘 아침이면 새 세상에서 꿈꾸고 있겠지

있어야 할 곳에

살아가야 하는 모든 생명
나도 아침이면 노란 우산을 써야겠다

어젯밤 꿈에

난 떨고 있었어
하얀 눈이 내리는 아침
태양은 자꾸만 나의 두 눈을 감으라 하고
난 하늘에 날리는 하얀 모습에
내 마음을 닫을 수가 없었지

산등선엔 파란 새싹이 피어 있는데
눈은 내리고
아침 햇살에 물안개가 피어오르고 있는데
자꾸만 쌓이어 가는 하얀 모습
마음은 허공을 나는데
발이 떨어지질 않아
그만 깨어 버렸어

뛰려는 마음에 벽을 차고서야

폭염의 산마루에서

폭염에
고요만 흐를 뿐
더 익어 가는 몸에 마음까지 지쳐 온다

산중에 지친 새의 지저귐
가끔씩 왜 힘들게 내 귀에 스며드는지?
바람마저 갈 길을 잃고 미동조차 못 하는데
태양은 먼발치에서 비웃으며 이글거린다

지친 초목은 푹 삶은 봄날의 나물처럼
처진 어깨로 저 태양만 원망하는지 모르겠다

산마루 도달하려면 아직도 먼 길인데
졸졸 흐르는 계곡물 소리가 발길을 막고 서 있네

봄 안개

겨울의 긴 잠에
아직도 꿈을 꾸는 대지
봄비 내리기도 전에
뽀얀 속살로
대지를 흔들어 깨우고 있다

여름 안개

더위에 모두가 지쳐 있다
선잠에 깨어난 너
떠오르는 저 태양에
피어오른 하얀 꿈 접고
흔적 없이 떠나고 없다

가을 안개

긴 꿈을 꾸려는 자연
입었던 치장을 하나씩 내려놓는데
떠나는 발길을 막아서는 너
돌아서지 못하는 난
색동저고리 눈물만 흥건하다

겨울 안개

싸늘하게 식어 버린
그래도 그 미련에 못 떠나는 나뭇잎
핏기 잃어버린 흔들림
너 하얀 보석을 밤새워 맺어 주었어
깊어 가는 긴 꿈에 빠진 앙상한 가지 위
하얀 옷 입혀 놓고 내 품 속에 숨어 버렸다

안개

내 가슴이 울고 있는 걸
어찌 알았는지
밤새워 가슴에 찾아들어 감싸 주고
함께 울어 준 흔적이 풀잎마다 맺혀 있다

2부

슬픔을 안은 아침

그래서
돌아서서 울었다
찻잔에 눈물이 고이도록
잔인한 그날들 잊어 보려고

TV를 보다가

지나간 날을 얘기하고 있는데
.
.
.
연기를 하고 있을 뿐인데
.
.
.
먼 이국으로 시집을 왔지

눈물을 흘리는 것은
왜 나일까?
멈추고 싶은 감정은
눈물이 되어 멈추질 못하고

나의 모든 것을 버리고
가족에게 조금의 보탬이 돼 주려는 희생

진정의 사랑 나도 모른다

언어의 장막에 얼마의 가슴을 두드릴지
안 당했어도 알 만한 사연
눈물이 멈추질 않는다
저 바보상자 앞에서

가을 새벽녘

창을 두드리는 바람소리
밤새워 내린 가을 빗방울
지친 가로등마저 피로에 깜박인다

서성거리듯 스쳐 지나가는
밤을 잊은 사람들을
무슨 생각으로 보고 있을까

먹이 찾기에 하루해를 잊어 버렸던 사람들
피난을 떠나듯 고요하기만 하다

자연은 저렇게
또
떠날 준비를 하는데

나는 무거운 어깨를 둘러메고
또
전쟁을 준비한다

가을 아침에

때늦은 가을 아침
태풍이 몰고 온 이슬비 모두를 적시고 있다

창으로 보이는 산에는
푸른 물결이 조금씩 새치처럼 단풍 들고
가슴에 향기로 스며들고 있다

이슬비가 시상으로 젖은 가슴
출근길 어느새 선릉역 1번 출구
구름처럼 내리는 인파 속에서
조간신문은 머리만 간신히 가리는 토란잎

사무실 비번 ****
전쟁을 시작한다

가을날이

푸른 하늘만 있으면
하늘을 바라보지 않았겠지
떠나다 멈춰 선 밤하늘의 은하수처럼

찌들어 버린 세상살이에
하늘 한번 편하게 못 보다가
흘기듯 바라본 맑은 하늘에 구름 몇 조각
바닥에 털썩 주저앉아 버렸어

숨바꼭질하며 밀려가듯 변해 버리는 구름 사이
메마른 가슴에 그리움도 밀려오고
뜨겁던 날들처럼 정신을 놓아 버렸지
가슴은 푸른 하늘이 함께 떠나자 손짓을 하는데

차갑게 식어 버린 현실은
그리움만 실어 보내고
회색 사무실 책상으로 회귀한다

꽃

하늘이 내려앉아 버렸어
숨을 쉬는 모든 이마다 아우성이야

나를 싣고 떠나는 차도
쉬게 하라고 목소리는 더욱 거세지는 봄날

넌 또 그렇게 웃고 있구나
널 샘하는 차가운 바람
지나는 숱한 차량의 매연에
멀리서 찾아오는 탁한 하늘의 미세먼지

그래도 넌
또 그렇게 웃고만 있구나
아픈 마음 내보이지 못하고

사람은 사람이 만든 그 고통에
그 문명에 치어 신음하는데…

뜨거운 피가 흐르지 않는다

텅 비어 있다
이기주의가 판을 치고
차가운 피만 흐르는 도시

그리움이 없다
네가 없는 세상에
나만 채우면 되는 더러운 세상

어쩌다
작은 선행도 뉴스거리가 되는
추운 세상으로 물들었는지

회색 도시의
쉬지 않고 돌아가는 시계의 초침처럼
기계가 되어 흘러가는 시간이 두렵다

밤하늘 별을 헨다
차갑게 식어 버린 은하수마저 두려움으로 다가오고
별똥별 바라보며 그리운 얼굴 떠올리던 날들이

빈 머리를 맴돌고 있다

가슴 뜨겁게 그리운 사람
오늘 그 그리움에 약속 없이 찾아가
말없이 한 잔을 권하는 그런 벗이 그립다

나만을 위한 세상

다 말라 버리고
욕심만 가득 뭉쳐 버린 육신
그 갈증에 가슴까지 타 버린 여러 영혼

나만 아니면 된다
나만 가지면 된다
나만 행복하면 된다

아니다
아니다
다 아니다

사랑을 하지 않고는 모두가 채운 것이 아니다
나를 찾지 않는 것이 분명 나를 찾는 것
내 주위에서 웃음소리가 클수록 나도 행복한 것
조금 내려놓는 연습을 한다
비록 비웃음 사이에서 고민할지 몰라도

– 아베와 문통을 보며

미세 먼지

문명의 한계인가
새벽하늘마저도 우리의 길을 막아서고 있다

형형 색깔의 마스크 출근 행렬
그 입김에 안경마다 분칠을 한다

세상의 문명은 나날이 바뀌는데
삶의 질은 자꾸만 추락을 하고
젊은 육신은 병들어 간다

찬바람에 밀려드는 미세 먼지
세상을 일깨우고 있다
조급하게 뛰지 말라고
저 멀리 숨은 별 하나

우릴 비웃고 있다

슬픔을 안은 아침

4월의 마지막 휴일 아침
창가에 서서 커피를 마시는데
하늘은 금방이라도 울고 싶어 하네

잊고 싶은 4월의 잔인함
그래서 그런가 보다
내 가슴에도 잔잔한 파도가 인다

그래서
돌아서서 울었다
찻잔에 눈물이 고이도록
잔인한 그날들 잊어 보려고

알려고 해도 알 수 없는
아픔과 두려움 점점 멀어져 가는 무지
그래도 살아가는 우리들의 부끄러움

아파도 아파도

마음뿐인 현실
그래서 울기만 했다

불편한 자리

기차 여행
마주 앉은 이성이 불편하다

지하철 임산부 자리
젊은 청년의 핸드폰 게임하는 모습이 불편하다

회식 자리
혼자서 술 안 마시고 하품하는 모습 불편하다

노약자석
젊은 아녀자 앞 기침하는 노인 모습 불편하다

회사에서
갑질하는 대표 모습 불편하다

불편하다
불편해

아침 이슬비

모닝커피를 마시다가 창틀에 커피잔을 올려놓았는데
아침 이슬비가 커피잔에 내려앉는다
안개처럼 다가와 내려앉은 이슬비 눈으로 마신다

잔에 비추이는 출근길
커피잔을 양손으로 감싸 쥐고 멀어져 간다

저 거리로 내려가 한참을
몸으로 맞이하고 싶은 이슬비
가슴까지 날 달랠 수 있을 텐데

스크린처럼 돌고 있는 화면을
초점 잃은 모습으로
커피향에 조금은 취하고 있다

시계의 초침처럼 같은 간격으로
이렇게 떠나보내는 시간
이 아침이 난 고독할 뿐이다

여의도

봤어
봤냐고 소통을 친다
두 손은 가슴을 감싸고
얼굴은 근엄한 척들을 한다

가슴은 다 썩어 있다
민초가 대하기엔 지독한 썩은 냄새가 나는데

대를 이어 하려 든다
그래도 해먹을 만한 업인가 보다

아닐 거다 할 줄 아는 것이 없다
그 부모에게 배운 것을 그대로 행할 수밖에
애비가 매질하면 나도 매질부터 배우듯 말이다

내 주머니만 채우면
불법이든 뭐든 못 하는 것이 없다
난 모른다 하면 그뿐이니 말이다

티브이에선 잘도 싸운다 정의의 사도처럼
해 지고 네온이 켜지면
삼삼오오 모여든다
오늘 연기력이 누가 더 좋은지
그 안주에 형님 동생 모두 친한 관계다

정권마다

썩은 고기만 베어 먹던
하이에나의 잔뜩 오염된 이빨로
곪아 버린 흉부에 칼을 댄다지

난 삭혀진 음식만 먹는 줄 알았어
그러나 그들은 썩은 것을 구분 못 하고
우릴 비웃는 거야

"병신들 이게 썩은 거니 잘 삭혀진 음식이지"
민초들을 향해 비웃고 있지

그들은 소화력도 얼마나 좋은지
저리 많이들 먹어 놓고
또 먹이 찾아 헤매거든

머리가 나쁜 거야
한쪽은 비어 있어
삶은 소대가리가 웃을 짓을 또 하잖아

나 괜찮다고 외치다
철창에 무료 숙박하는 지나간 정권들을 잊은 채
저 돌대가리들

차가운 도시 속에서

새벽
그믐달 옆에 유난히 반짝이는 별
잠시 너에게 준 눈길
떨어지지 않는 발걸음

내게 또 주어진 하루
오늘을 또 만들기 위해 종종걸음을 한다
유난히도 빠르게 느껴 오는
널 그리워하려 해도 채찍을 당하듯 떠나는

상생의 싸움터
어쩌면 행복이라고 말할 수도
다시는 못 찾아올 이 순간이기에

취하지 않고 살 수 있다는 것이
더 이상한 날들

내일은 그래 좀 취해 보자
세상이 얼마나 바로 보이는지

나도 느껴 봐야지

새벽길
저 별에게 말해 줄 거야
사랑할 날이 아직 많다는 것을

창가에서

출근길 식어 버린
몸을 잠시 데우고 있다

비 갠 날 양지 돌무더기에 올라와
식은 몸을 데우는 뱀의 무리처럼

그 며칠 전 더위에 지쳐 있던 날은
이미 추억으로 남아 어디론지 떠나 버리고
싸늘히 식어 버린 오늘
햇살 쏟아지는 창가에 기대고 있다

창밖엔 종종걸음을 하는 사람들
하얀 입김이 허공에 퍼져 간다
시계의 초침은 거리에서 돌고
내 마음은 시침처럼 마음만 돌아가고 있는데

차가운 공기와 함께

또 다른 한 해가 성큼 다가오고 있다
그래 이만큼이면 잘 익어 가는 삶 아닌가?
혼잣말로 나를 달래며 먼 하늘을 바라본다

이름조차 가물가물
기억에서 벗어나는 가을
그 봄날 가슴만 요동치게 했던
문득 떠오르는 날

3부

마음의 흔적

같은 곳을 바라보는데

아름다운 꿈을 꾸고
울고 싶어도 울지 못하고
같은 곳을 바라보며 가고 있는데

저 푸른 하늘에
어떤 날은 사랑을 쓰고
어떤 날은 외로움을 쓰지

별이 다 지도록
둘만의 시간이 부족했던 시간
오늘 함께 있어도
이렇게 가슴 아프도록 사랑하는데

밤하늘 저 별들은 똑같은 속삭임 중인데
조금은 같은 곳을 보다가 다른 생각을 하지
세상 탓을 조금은 해도

난 너를 그래도 사랑에 매어 놓을 거야

이 하얀 머리가
별빛에 하얗게 빛나도록

나 울어도 되나요

불도 꺼지고
마음은 더욱 깊게 가라앉은 밤
문틈 사이 숨바꼭질하는 저 달도 기우는데

초라한 마음
자꾸만 눈물이 흐른다
떨어지는 눈물 문풍지 사이 찬바람에 실려 떠나고
적막 짙은 마음에 평화가 찾아든다

꿈도 내 품에 안은 채
이렇게 울다 잠들어도 되나요

그때는 수없이 많은 상상을 했었어
가슴에 별도 따다 놓았고
그 기쁨에 웃다 지쳐
한동안 몸을 지탱하지 못했던

이젠 저 달이 초라해져
외면하고 싶지만

자꾸만 가슴에 밀고 들어와
“괜찮아 괜찮아 아름다웠어”

눈물이 흐르는데
나 울어도 되나요?

가슴이 없다

사람은 그 사람이 맞다
가슴은 있는데
뜨거운 피가 흐르지 않을 뿐
내 귀에 내 가슴에 다가오는 소리
그 소리가 달라졌어

한배를 타긴 탄 것 같은데
두 동강이 나 버린 난파선처럼
어떤 날에는 산으로 올라가고
다 다른 소리만 들려와
가슴이 없어
사랑하고
배려하는

그 뜨겁고 아름다운 가슴
왜 이리도 그리워지지?

나 지금 없어요

나 지금 없어요
밀려오는 그리움
어디인지도 모를 곳으로 떠나 버렸어

나 지금 없어요
두 눈 껌벅이며 있는 육신만 남겨 놓고
육체 이탈을 해 버렸어요

나 지금 없어요
밤하늘 별을 그 별을 기다리다
그리운 별들 사이 헤매고 있어요

나 지금 없어요
그 사랑 이대로 가슴에 남아
밤하늘 별들에게서 그리운 임 찾고 있어요

난 속았습니다

청춘이 사랑에 빠진
열병보다 더 뜨거웠습니다

이제 사랑에 속고
자연에 속아 버린 심정뿐

마음은 늘 뜨겁다고 생각했던 사랑
사랑보다는 뜨거울 수 없다는 자연

난 속았습니다
내 가슴에
오늘 저 태양에

너 때문이야

육신이 한계에 와도
핍박에 정신이 혼미해 와도

악의 소굴
내가 날 겨눌 수 없더라도
오직 너

포기하고 싶은 수많은 순간들
속으론 울고 겉으론 웃을 수밖에
너의 그 가슴 때문

아직도
가슴을 펼 수는 없어도 행복한 것은
순간순간 너라는 존재를 각인했기 때문

그 너
그 너희들 말이야

당신

난 당신이 이래서 좋은가 봐

양귀비처럼 화려하지 않아도
엄마처럼 포근해서

초콜릿보다 달지 않아도
숭늉같이 구수해서

야래향 같은 강한 향기보다
찔레꽃처럼 은은한 향에

작은 기쁨에도
그 기쁨이 집 안을 채우고 넘쳐
저 높은 담을 넘는 것이

마음은 늘 서두르지 않아도
자애로움이 있는 그런 당신

이대로 살아가다 당신 먼저 보내고

왜 먼저 가라고
묻지 마 나 먼저 떠나면
우는 모습을 내 영혼이라도
나는 볼 수가 없을 거 같아서

그래서
그래서
내가 통곡하려고…

동트며 떠나간 가을비

밤을 꼬박 새우며 부르던 비는
아침 바람에 밀려 떠나가고
산머리 물안개만 맴돌며 아쉬워하고 있다

그 그리움에
밤이 지새도록 문 두들기며 기다리던 너
하얀 영혼 되어 떠나가는데

밤새워 네가 보내 준 사랑
싫다는 말 한마디 못하고
물에 빠진 생쥐처럼 초라한 몰골의 저 이름 모를 새는
훌훌 털어 버리고 늦은 아침의 허기를 채우러 떠나고 있다

나도 불타던 그날
아~ 그날
몹시도 사납게 내리던 비를 몸으로 맞이하며 사랑을 갈구
했었지

이젠 틀렸어

저 가을비가 가슴에는 사랑이지만

몸으로 상대하기엔 왠지 발걸음이 떨어지지 않아

마음의 흔적

사랑이었어
이름조차 가물가물
기억에서 벗어나는 가을
그 봄날 가슴만 요동치게 했던
문득 떠오르는 날

그리움이었나?
멀어진 흔적 자꾸만 떠오르는 것이

지쳐 버렸나?
먼 바다로 떠나 삶을 영위하다
회귀하는 고기 떼처럼
고향 하늘을 자꾸만 바라보는 것이

오늘 밤 바람이
차갑다고 아우성인데
왜 가슴은
탁한 공기에서 벗어난 상쾌함인지

목련꽃

어젯밤에도
얼어붙은 가지에 살며시 앉아 있던
하얀 몽우리 설레게 만들던 너
날갯짓하듯 피었는데

목련은 또 진다
외로운 가슴은
아직 그대로인데

봄비 목련꽃잎을 뜯어내어
한 겹 한 겹 빗물에 포개어지니
기나긴 그리움마저 떠나고 있다

물먹은 꽃잎 임을 기다리는데
아직도 봄비는 내린다
떠나라 재촉을 하듯

안개가 되어

타는 가슴에
울고 싶은 가슴에
안개처럼 살고 싶어

새벽길 눈물 흘리며
어디인지 모를 곳을 향해
떠나는 당신을 막아섰지만
눈물은 지울 수 없었지

뜨겁게 타오르던 청춘도
태양에 그을린 인생도
잠시 쉬어 갈 수 있는 여유도
챙겨 주는 안개가 되고 싶어

흔적 없이 다가가
따듯한 너의 가슴에 안겨도
내쳐지지 않는

막아섰다 떠나가도

상처는 주지 않는 안개처럼

네게 남고 싶다

사랑이란

목적이 이루어지면
식어 가는 것이라지요
.
.
.
.
.
.
그래도 싸우려 드는가?

여기가 그곳인 걸

내 마음이 극락이요, 천국이다
나 오늘 행복하자고 눈을 떴다
그래서 또 행복으로 시작한다
지금 사랑하며 살아가는 것처럼
내일이 또 이런 날이면
여기가 그곳 아닐까

나를 사랑할 줄 알고
나보다 더 날 아는 사람을
사랑하며 살아가는 날
그래 날마나 그날을 누리며 살자
여기를 웃으며 떠나는 날까지
모두에게서 박수를 받으며

잘 적응하고 있어

지금 삶이 참 아름답다
이 시대에 걸맞은

순수하지만 늘 부족했던 날
잘 적응하고 살아온 것처럼
작은 기쁨에 설레고
작은 감동에 가슴 뛰던

지난날이 그리운 게 아니라
지금의 이 현실이 아름다워

비록
그때의 생각과
그때의 느낌과
그때의 입맛은 아니지만

이렇게 나날을 적응하고
사랑하며 기쁘게 살아가는 거야

정(情) 거래하지 마오

정(情)

·

·

·

눈물일 뿐이고

그 좌절에

나를 버릴 뿐이니

·

·

·

거래하지 마오

한겨울의 달

푸른 하늘에
벌레 먹은 나뭇가지 사이로
바라보이는 넌 창백한 가슴의 외로움
오늘은 네가 나보다 더 외로워 보인다

내 곁에서 모두 떠나고
마른가지에 위태롭게 기대선 모습으로
널 바라보던 내가 위로를 받는다

가을에 떠나지 못하고
찬바람에 바스락대는 말라비틀어진 나뭇잎만
저 달그림자를 만들고 매달려 있다

푸른 하늘의 빈 나뭇가지에 매달린 모습
오늘은 네가 나보다 더 외로운 밤인가 보다

함께할 거 아니면

왜 우냐고 묻지 마라
저 흐르는 작은 눈물방울에
사랑도, 벅찬 기쁨도, 작은 파도가 있기에

함께할 수 없다면
돌아서 울어 주면 된다
그 마음을 다 헤아리진 못해도
함께 여행을 떠나듯 가슴을 비우는 것이기에

함께할 수 없다면
다가가 따듯하게 안아 주면 되니까

그가 지금 다시 살아 있는 것은

지금을 위해서 그를 버렸기 때문이었다

자기를 찾으려는 시도도

그를 위한 날도

4부

잃어버린 날

나도 꽃이야

벌레가 많이 먹은 모습
그것이 아름다움이지
아직도 꽃으로 살고 있는 걸

중요한 것은
소박한 마음의 꽃
웃고 있을 땐 웃음꽃
울고 있을 땐 눈물꽃이 되지

어제는
술에 취한 꽃이 되었고
너털웃음에 함께 웃게 했던
오늘은 어떤 꽃으로 피어날까?

살다 보니 사는 것이 꽃이고
내 삶을 내가 다그치지 않는 게
여유의 꽃이더라

순간순간 힘들어 지쳐도

내가 나를 다스리지 못해도

웃는 것이 삶의 꽃 아니더냐?

나에게

생각이 없는 거니
그리움과 사랑 없는
그것이 인생이니

눈물만 흘릴 거니
차갑게 식어 버린 겨울인 거니
구르다 멈추어 서 버린
수레의 녹슨 바퀴처럼
그렇게 잠이 든 거니

그래
내가 날 이해한다고 하지
우정도 사랑도 톱니바퀴처럼
그렇게만 돌고 있는 것이 아닌 것을
왜
이해하려 들지 않는 거니

답답해도
내가 날 버리지 못하듯이

사랑을 다시 배우면 안 되겠니
비록 차갑게 식어 버린
가슴일지라도

비록 세상이 날 저버리고
저 차가웠던 날이 떠나면
봄은 또 오고 있잖니

나 떠나는 날엔

누구에게인지 받아 갚지 못한 사랑
상처를 주고도 모르고 지나온 날
받기만 하고도 덜 받았다고 했던 날
그래서 많이 주지 못하고 떠나는 생

가슴에 눈물이 조금은 고여도
나를 위한 엄숙함보다는
모두에게서 박수를 받으며 떠나고 싶다

늙은 육신은 비록 쓸모가 없어도
수습해 다른 살아 있는 사람에게 보탬이 되고
남은 육신의 재는 자라는 나무의 밑거름 되면
더 바랄 수 없겠다

난 오늘 새가 될래요

난 오늘 새가 될래요
막아서는 이 없고
빨간색 노란색 신호등 없는
날 찾아 날아 볼래요

잊고 싶고
털어 버리고 싶은
겹겹이 쌓여 있던 묵은 감정의 마음을
저 하늘 구름에 실어 보내고

난 오늘 새가 되고 싶어요
꿈에서 그리던 곳을 찾아서
어딘지 머물고 있을 그리운 사람
머물러 있던 수많은 생각을
오늘은 가슴에 주고 싶어요

나를 얽매던 안 되는 색깔들
다 지우고 날아 볼래요

난 이렇게 살려고 노력 중입니다

사람 냄새가 나는 사람으로
미담에 눈물을 흘리며
미풍에도 정이라는 향기가 멀리멀리 퍼져
세상이 지금보다는 더 따듯함으로
가득한 세상이기를 바라기 때문입니다

말을 아끼려 무진 애를 쓰고 있습니다
훌륭하고 세상에 사랑을 주는 사람이 너무 많기 때문입니다
또한 얕은 지식으로 세상을 꾸짖을 수 없기 때문입니다

참으며 살려고 나를 내려놓는 연습을 하고 있습니다
더러는 참지 못하여 상처를 주고 후회를 하기도 했지요

사람처럼 사는 냄새를 찾아 헤매는 것처럼
내게서 그런 향기가 났으면 하는 꿈에 살아갑니다

지금보다 더 사랑하고
지금보다 더 참고 노력하는 모습으로

부족하지만 조금이라도
세상을 채우는 모습이었음 좋겠습니다

사람처럼 살겠습니다

내가 누구인지

이해하려 할 때마다
가진 걸 미련 없이 줄 때마다
나보다 당신이라고 할 때마다
의심하지 못하고 속임당하고
웃음으로 넘기는 나

마음은 갈등에 휩싸이고
밤새워 생각이 꼬리를 물고
미움에 고통을 견디다가도
언제 그랬냐는 듯 잊어버리는 나

자신에겐 너무나 큰 핍박을 한다
주어진 틀 벗어나지 않으려 나와 싸움을 하고
타인에게 모난 모습 보임을 수치로 알며 살다가
힘겨워 돌아서 울기도 했지

내가 아닌 가족에게도
반은 내가 되기를 원하지만
그것은 한낮 꿈이란 걸

날마다 부딪치며 살아가다가도

욱 한 번에
공든 탑을 허물곤 하지
반쯤은 네가 나이기에…

아생무사(我生無死)

나도
그곳으로 떠나고 싶다
내 삶을 내가 바라보는 그곳
늘 부족해도 날 바라볼 수 있는 곳

언제부터였을까?
날 버리고 육신만 세월을 따라온 날

오늘 아침 거울을 보다
눈물을 흘리고 말았어
나는 누구였을까
오늘은 누굴 위해 살아가야 하는가

내가 살아온 모습이 싫어서
이 모습으로 남고 싶지도 않았던 거야

오늘 또 저 태양도 저물어 가는데
더 기울기 전에 날 돌아봐야지
하는 욕심이 밀려와서

저 노을에 묻고 있는 거야

참자 나를 내려놓자
이것이 인생이 다인 줄 알았거든
지치면 술잔에 기대어 하소연하고

아직 떠오를 태양이 저리도 많은데
이젠 나를 찾지 말아 줘 내가 나를 찾을 테니

어젯밤에

비가 내렸어
어제 깊은 밤에

흩어져 있던 먹구름마저도
다 씻겨 내려 보낸

비가 내렸어
어젯밤 꿈속에

내 마음에 쌓여만 가던
아픈 일들이 떠나 버렸어

말없이 날리어 옥죄려 했던 잿빛 하늘
초록 새싹에 검게 물들이던

각박해져 가는 세상살이에
꿈속에서조차 채찍을 하던 날

비가 내렸어

어젯밤에

푸르게 꿈을 꾸는 새싹에
검게 타들어 가던 내 가슴에

아침 태양이
오늘 참 아름답다

여행

바람에 실리어 왔어
외진 날들이 두려워 말없이 흐르던 눈물
다 말라 버리고

함께 가자는 손짓에 망설이다가
떠나온 지가 수십 년이 되어 버렸지
작은 미풍에도 겨누지 못해
숱한 날을 애태우듯 살아온 날들
그래도 그날들이 그리워지는 것은
무슨 뜻일까

내가 할 일과 네가 할 일
이제 손발이 맞을 만한데
조금씩 힘겨워 오는 육신에
깜짝 놀라 먼 하늘을 바라만 보지

그래도 또 다른 태양이 떠오르는 한
성난 폭풍이 길을 막아서도
가슴에 간직한 바랑의 공간에

사랑 그리움 흩날리지 않도록 간직하고

광야의 큰 꿈은 이제 더 이상 꾸지 못할지라도
찾아가야 할 그곳이 명확히 정하지 못한 날이어도
가슴에 그려 둔 꼿꼿한 나를 지켜 가면서

오늘도 정처 없이 떠나고 있다

옛 생각에

그 아득한 어느 날
발길이 떨어지지 않던
오늘 아침도 무엇인지 아쉬움이 남은 듯
떠나가지 못하고 내 주위를 맴도는 새벽 비

휴일 아침
커피 한 잔을 마시다 창밖을 바라보았어
난 음악에 취하고 커피향에 취하는데
저 하늘은 잔뜩 찌푸리고 날 바라보네

지금은 이렇게 날 찾아가는 중이지
조금은 하고 싶었던 많은 생각을 정리하면서
그 아쉽던 날들 세상이 날 배신한 것처럼
마이너스 통장에 마음까지 담아 보내던

그래도 청춘이었고
모든 것을 잊으려 했었기에

지금은 다 잊으며 살아가는 중이지
슬퍼했던 날까지도
또한 그 미움도 잊고

오늘 떠나고 싶다

비가 내린다
구르던 낙엽 잡아 세우는 가을비
난 떠나고 싶다
울어도 누군가에게도 감출 수 있게

마음은 떠나가는 바람처럼 쓸쓸하고
흩어진 구름처럼 허전하기에
울다 울다 비 멎으면
다시 돌아서 오면 되는 것을

먼 하늘만 바라보다
가슴으로만 날 달래고 있다

날개를 달고 싶다
기약 없는 날이지만

가슴을 짓누르는 압박
혼자라는 이 외로움

다음 가을비에
난 빗속을 여행할 거다

잃어버린 날

어느 순간 그는 숨을 쉬지 않았다
그렇게 몇 년이 흘렀는지

다시 돌아온 길에서 만나 그의 행적을 묻지도 않았다
그는 세상에서 멀어져 있었기에
모든 날이 조금의 추억도 없어진 시간
고통 또한 존재하지 않았다

그가 지금 다시 살아 있는 것은
지금을 위해서 그를 버렸기 때문이었다
자기를 찾으려는 시도도
그를 위한 날도

이미 잘못돼 버린 날을 누구에게 원망도 못 하고
곧추세우기 위한 날이었기에
울고 싶어도 울 수 없었던 며칠과 같았던
지금 말없이 눈물을 닦고 있다
오늘도 왜 이리 쓸쓸한지…

창밖에

잠에서 깨어
창밖을 보고 있었어
파란 새싹이 피어올라
온통 지구에 균열이 가고 있었지

많이 본 듯한 얼굴
봄비를 맞고 있어
빗물인지 눈물인지 모를
모습은 초췌해 있었지

얼마를 보고 있었을까
아침 햇살에 피어오르는 아지랑이 따라
떠나 버린 그를 찾으려
다급한 마음 맨발인 채로 나서는데

싸늘한 아침 한기에 눈이 뜨였어
내면의 나 저리도 외로운 거야
다시 두꺼운 이불을 뒤집어 덮고
여행을 떠난다

풀꽃

온실 속에서
꽃은 피우지 못하고
잎만 무성한 꽃도 아닌 꽃
버려진 후에야 추위도 견디고
모진 비바람 다 겪고 나서야 봄에 꽃을 피웠다

나는 지금 어디에 있는가
온실 아님 자연에
나 자신의 꽃을 피워 보지 못하고 자연만 탓하며
저 아름다운 꽃만을 부러워하는 것은 아닌가

그렇다
난 이미 온실에 길들여져 있고 야생을 잃어버린 지 오래다
조금의 고통에도 이겨 내지 못하고 힘들어하고
남의 탓을 하려 한다

그래 현실을 바로 봐야지
내가 원하는 것 다 없고

가지고 싶은 것 다 없다

더 내려놓는 삶으로 풀꽃처럼 살자

튤립 밭에서

튤립을 보다가
깊이 들어가 버렸어
바라보고, 마음에 담고, 사진을 찍는데
튤립 틈에 보이는 것은 인파

내 가슴에 있던 것 아니었어
수없이 많은 얼굴마다 분칠을 하듯
나름 뽐내고 있어

문득
사람 틈에 나는 어떤 모습일까?
화려한 저 튤립처럼 내세울 것 하나 없고
저물어 가는 삶이 시든 꽃잎인가

기다리는 사람
찾아오는 사람
저런 날들이 또 찾아올까?

– 안면도 튤립 축제를 다녀오며

5부

지나간 것을

떠나보내면 추억
그것이 삶이기에 잊어버리며
저 태양을 물끄러미 봤어
또 다른 추억으로 남기며

공산성에서

찬바람이 불어온 흔적이 없었다
천 년이 넘은 성벽의 둘레길
가지마다 매달렸던 잎마다 낙엽이 되어 허전한 모습
따듯한 가을 햇살이 낙엽만 말리고 있다
언제 불어올지 모르는 바람
눈 쌓이는 그날까지 영 안 왔으면 좋겠다

금강은 지금도 옛 모습 그대로다
영은사의 목탁 소리가 금강에 퍼져 흩어지고
육십여 년의 영화가 침묵되어 흐르고 있다

그렇게 영화롭던 자리
세월 속에 잊혀지고

까까머리 어린 날의 추억에
말없이 낙엽과 그날들이 밀려온다

바람아 불지 마라
바람아 불지 마라

산성시장 난전에서 순댓국에 대포 한 잔
다시금 찾아올 그때까지

같은 조건이 아니야

기다리는 사람에 따라
달리 해석되는 시간

사랑하는 사람에겐
많이 빠르고

행복한 사람에겐
아름다운 것이고

슬픈 사람에겐
너무 힘든 것이며

아픈 사람에겐
너무 지루한 것이다

너와 나에겐
없어서는 안 되는…

교훈

눈에 가시가 박혀 있어도
눈물이 흐르면 끝이겠지만
마음에 꽂혀 버린 혀의 칼날도
오늘이 지나면 내 마음에서 떠나가지

아픈 마음은 어제의 일
오늘은 어제가 가르쳐 준 날이기에
또 다른 아픔이 다가서지만
내일을 위해서 잊고 살지요

저 푸른 하늘
파란 도화지에
내 마음을 담은 시 한 수로

그래 그래도
나는 행복하다고
이렇게 외치며 살아가는 중

그 개울에서

고향 하늘
그리운 향기에 취해
늙어 가는 소꿉친구 몇
냉기가 미처 떠나지 못한 이른 봄
어릴 적 그 개울에서
꽁꽁 얼어 가는 손 모닥불에 녹이며
어린 고기잡이를 한다

누구 한 사람
화내는 이 없고 뭐가 그리 좋은지
얼굴마다에 웃음이 떠나질 않는다

다 낡아 빠진 꼬쟁이
개울가 버들가지 꺾어 들고
이리 뛰고 저리 뛰고
피라미 떼 쫓아 시간 가는 줄 몰랐던 그 개울

그 하늘은 그대로인데
너와 나는 벌써 많이도 익어 간 모습들이다

그래도 오늘이 이토록 즐거운 것은
너와 내가 그 시절을 함께 추억하기 때문이다

다랑쉬굴(窟)

굴을 들여다보다
그 굴속에 눈물을 가득 채우고 말았다

잔뜩 겁먹은 모습으로 일가족이
그 습한 굴속에 몸은 숨겼지만
영혼은 구천에 헤매었을 모습의 상상

가슴만 미어질 뿐
나의 상상은 그날을 다 헤아리지 못한다
목을 조르듯 육신을 떠나는 영혼
그 고통의 상상만으로도

총칼에 베어 죽는 것보다
차라리 처자식을 껴안고
질식해 죽어 감이 더 떳떳했을지도 모르지

그래서 무덤이 되었지
누구 하나 찾아와 울어 주는 이 없어도
그 습한 지하의 핍박의 날보다 허공이 좋았으리라

가슴 조이며 버티던 그날보다

이제
이름 모를 이 찾아와 영혼을 달래도
그 영혼 얼마나 위안이 될지 모르고…

다시 오라 하면

봄에 태어나 꽃인 줄 알았지
그해 5월이었어
파랗게 세상이 바뀌는 날들이었지

보릿고개
먹을 것이 별로 없던 세상인 것을

난 혼자였지
막내로 태어나 형제는 이미 세상 밖으로
나를 찾아서 떠난 후였으니까

집집마다 먹을 끼니는 없어도
해마다 줄줄이 아기 울음소리가 들리는 세상
얼마나 부러운지

갓 뽑아 온 열무에, 된장찌개, 고추장, 아지노모도*
둘러앉아 서로 더 먹으려는 모습
집에서 혼자 먹던 밥맛과 비교할 수 없는 그 맛을 얻어먹던 시절

지금은 무얼 먹어도 그때의 그 맛을 찾을 수가 없는데
풍요로운 세상의 행복이 왜 그때처럼 웃음이 없는 세상인지

땀에 흥건한 삼베 저고리 벗지도 못하시고
자식 배고플까 걱정되어 부엌으로 뛰어 들어가시던 엄마 모습
잊은 지 오래돼 버린 나 자신

나 떠나고
지금 이 세상이 날 다시 부른다면 난 안 오고 싶다
정도 사랑도 없는 이 민낯의 세상
모두가 나를 외치는 척박한 땅이기에
나 태어난 그 꽃 피던 날이라면
한참은 생각해 봐야겠지

* 아지노모도 : 어릴 적 먹던 일본 미원

밤낚시

밤이 깊어 갈수록
등대의 불빛은 더욱 눈이 부시다
잔잔한 호수 많은 등대의 불빛 고요하기만 하다

늦시월의 싸늘한 날씨에 가슴까지 움츠러들고
기다리는 어신은 소식이 없다
핏발이 퍼져 버린 눈동자 초점이 흩어지고
머리는 자꾸만 술 부르는 신호만 보내온다

닭도리탕 익어 가는 향에 매점 생각뿐인데
낚시터 사장님 스피커 켜는 소리
날 부르는 것 같아서 자리를 일어선다

소주 두 병 낚시는 이미 꿈이 되어 버렸다
새벽 4시 몸은 천근이 되어서 일어나기 싫은데
큰소리치고 왔으니 손맛은 봐야겠고
꽁꽁 언 손마디가 이제는 저려 온다

잠을 잊은 시골 수탉은

계절 감각을 잊은 듯 아침을 목 놓아 부르는데
동이 트려면 아직 먼 걸 모르고

저 멀리 먼동처럼 스쳐 가는 불빛은
밤을 잊은 나그네의 방황인지 모르고

동이 틀 때 귓가엔
내 목소리가 쇳소리로 들린다

물안개가 등대 사이로 떠돌다 피어오른다
저 등대 밑 고기의 밑밥만 겹겹이 쌓아 놓고
어망을 꺼내 물에 담가 보지도 못한 채
얼어 버린 속 해장국으로 달래 본다

시간 1

꼬쟁이도 안 걸치고
몽둥이 하나씩만 든 채
이리 뛰고 저리 뛰며
어린 피라미만 못살게 굴었어

둥근 얼게미
노란 세숫대야
고기 몰이를 하던 곳
이빨만 노란
반은 흑인이었던 거지

그 시냇가 그대로야
신작로만 무지 좋아졌을 뿐
작은 풀잎마저도
짐승의 먹이였는데

깊이를 알아볼 수 없는 숲
새들이 집을 지었던 모래사장 모퉁이로
시냇물만 변함없이 흐르고 있네

어릴 적 노닐던 그 용성천

시간 2

꽃이 피었어
해마다 그 자리에
지금도 그대로 내 마음엔 있어
앞산 묏등에 피었던 할미꽃

고사리 손들도 농번기는 없었어
모두가 지치는 계절인 거지
지친 육신 한낮 더위를 피해
검바위 느티나무 그늘 아래
노인은 장기를 두고
아이들에게는 고목이 놀이터가 됐었지

해 지고
달이 없는 밤
솜방망이를 만들고
고기 사냥을 갔었지
석유에 담근 솜방망이 횃불이 되어
밤 마실 나온 물고기

톱에 베어지면
깊어 가는 밤하늘 별들만 친구 되었었지

어둠이 내린 서해에서

반쯤 누워 있는 목선
분주히 오가는 작은 배
허기를 다 채우지 못한 갈매기의 흐느낌
붉은 노을마저 서서히 꿈을 꾸려 눕고 있다

별들의 자리가
조금씩 눈에 스며들고
바닷가 포장마차는 손짓을 한다

하루를 삼켜 어둠에 깜박이는 불빛
파도 소리만 밀려오고
가슴에 떨어지는 별똥별
쓸쓸한 가슴에 쌓여만 간다

피로에 치친 어부도 잠이 들고
허기진 배를 못 채우고 잠이 든 갈매기도
파도 소리 자장가에 잠이 들었는데

오늘을 보내야 하는 아쉬움

그리움 되어 파도처럼 밀려오는 가슴엔
눈물만 쌓이어 간다

어머니

노을빛
뒷짐을 지고 행길을 흘끔흘끔 바라다보시고

왜 늦게 다니느냐고
중년의 아들을 나무라시던

손자들 싸움을 낱낱이 일러바치시던
그 생각에 죄책감만 밀려온다

얼마나 보고 싶었을까
돈 벌어 빚 갚겠다고 이국으로 떠나 버린 자식
국제 통화라고 빨리 끊으라고만 하시던 목소리

어제까지 통화했는데
한낮의 비보에 주저앉고 말았었지
얼마를 울었는지 믿기지 않아서

20년이 흘렀어 그래도 눈물이 나는 걸

내 자식이 며칠만 연락이 없어도
나도 속이 답답해 오는데…

시간 3

초침 소리가 신경 쓰이는
벌써 해가 저물어 가는 11월 중순
내가 잠든 시간까지 앗아 가는 것 같아
잠을 청하다 말고
벽시계 초침을 빼어 버렸어

됐어
저놈의 시간을 멈추어 버렸으니
이제야 깊은 잠을 이룰 수 있었지

꿈속에서
난 환호하고 있었어
내가 필요한 시간만 꺼내어 쓸 수 있음에

그런데
아침을 알리는 옆집 수탉 울음소리에
눈을 뜨고 말았지
아침 7시
고양이 세수를 하고 출근하는 중이야

지나간 것을

어젯밤
다 내려놓는 연습을 했어
무거운 짐을 지고 가다 잠시 벗어 놓듯
여러 날을 헤매며 힘들어했던 무거운 날을

그래서 홀가분했어
그토록 힘들어 목을 조여 오듯
가슴이 쿵쿵거림에도
추억으로 넘기며

고통과 충격 교과서가 되겠지
언제나 똑같이 함께하지 않는 날이기에

떠나보내면 추억
그것이 삶이기에 잊어버리며
저 태양을 물끄러미 봤어
또 다른 추억으로 남기며…

친구

전화 음 소리
보고 싶다는 말은 없었지
그냥 한잔하자고

다른 약속은
언제 있었냐고
약속 장소 대폿집

전화는 자꾸만 덜덜 떨고 있다
잊어버린 장소에서

안주 타령 주종 타령
친구라서 필요 없고
그냥 별말 없이 술잔만 조아린다

친구
너라서 좋다
털어 비운 잔 바라보다

돌아서 가다 보니

아

이렇게 또 혼자구나

흥분되는 자식

잉태했을 때
말없이 흥분으로 눈물 흘렸지

내 눈길 따라 바라보며 웃고
한 걸음씩 걸음마를 할 때
매일이 너로 인해 흥분되는 날들이었어

이젠 흥분을 하는데
다른 흥분을 한다

클 대로 커 버린 너
내 말을 비웃듯 안 들을 때
흥분하고

너의 생각만 내세우고
날 무시할 때
흥분하고

기뻐서 흥분하고

화나서 흥분하는

너는 그래도 내 자식